AF233593

ALLOCUTION

Prononcée au mariage

DE

M. FRANÇOIS RICHARD

ADJOINT DU GÉNIE

et de

Mademoiselle VICTOIRE MALLET

En l'église d'Issoire, le 23 octobre 1883

PAR M. L'ABBÉ RICHARD

Chanoine Honoraire

Secrétaire particulier de Mgr l'Archevêque de Rennes

RENNES

IMPRIMERIE DE CH. CATEL ET Cⁱᵉ

rue Leperdit, 2 bis.

1883

ALLOCUTION

Prononcée au mariage

DE

M. FRANÇOIS RICHARD

ADJOINT DU GÉNIE

et de

Mademoiselle VICTOIRE MALLET

En l'église d'Issoire, le 23 octobre 1883

PAR M. L'ABBÉ RICHARD

Chanoine Honoraire

Secrétaire particulier de Mgr l'Archevêque de Rennes.

RENNES

IMPRIMERIE DE CH. CATEL ET Cie

rue Leperdit, 2 bis.

1883

ALLOCUTION

Prononcée au mariage

DE

M. FRANÇOIS RICHARD

Adjoint du Génie

ET DE

Mademoiselle VICTOIRE MALLET

MON CHER FRÈRE,
MADEMOISELLE,

C'est une heure grave, une heure vrai-
ment solennelle que celle qui vous réunit
au pied de cet autel. Un passé qui se clôt,
un avenir qui s'ouvre, des engagements sa-

crés et d'irrévocables serments, deux cœurs qui se donnent sans réserve et s'enchaînent sans retour, deux destinées qui se lient si étroitement qu'elles se confondent, deux vies qui ne seront plus que l'une pour l'autre, qui ne sauraient plus être heureuses l'une sans l'autre et ne devront plus l'être que l'une par l'autre, voilà ce qui préoccupe ici toutes les pensées, ce qui émeut les tendresses, les amitiés, les sympathies qui vous entourent en ce moment.

Toutefois, il y a un sentiment qui domine tous les autres, c'est celui d'une joie pleine de confiance.

Bien que Dieu, par respect pour notre liberté, cache sa main, c'est lui qui nous mène. Il veille sur les familles comme sur les empires, sur une âme comme sur un monde.

S'il prévoit, en traçant à chacun de nous sa route, les plus passagères rencontres qu'il nous est réservé d'y faire, comment abandonnerait-il, — je ne dis pas au hasard, — mais à la seule sagesse humaine, « toujours courte par quelque endroit, » ces alliances qui, contractées sur la terre, ne le sont pas uniquement pour la terre, et d'où dépend, avec le bonheur du temps, le bonheur de l'éternité ?

Il avait éloigné vos berceaux, il a rapproché vos existences, et le conseil de ma foi comme le besoin de mon cœur est de saluer dans votre union une de ces œuvres où la Providence se charge de tout conduire.

Je vous félicite, mon cher Frère, d'avoir trouvé, si heureusement réunies dans celle qui devient la compagne de votre vie, les qualités sérieuses et les solides vertus.

Je vous en félicite au nom de notre bonne Mère, pour qui c'est, vous le savez, une peine vivement sentie de ne pouvoir être aujourd'hui près de vous que par le désir ; — à qui il tarde de vous connaître, Mademoiselle, et qui déjà aime en vous une fille telle que l'eussent demandée ses plus ambitieuses prières.

Je vous en félicite au nom de la chère et vénérée mémoire du Père que nous n'avons plus. Ainsi que moi, vous aimerez à penser que, en offrant à Dieu pour ceux qu'il a quittés ses longues et cruelles souffrances, il a hâté ce jour que ses vœux ont appelé et dont il eût accru les joies en les goûtant avec nous.

Je vous félicite au nom de vos plus vrais intérêts et du bonheur dont cette union porte avec elle la promesse.

Laissez-moi vous le dire pourtant : ce bonheur de votre nouvel état ne dépend pas seulement des mérites de celle qui devra le partager avec vous; il ne dépend pas moins, il dépend plus encore de la manière dont vous-même saurez en accomplir les devoirs.

Ces devoirs sont grands; l'infirmité humaine n'atteindrait pas à leur mesure. Mais Dieu, en les attachant au mariage, y a joint des grâces proportionnées. Le Sacrement que vous allez recevoir en est la source ; elles prêteront à votre bonne volonté un secours efficace, secours de lumière pour bien connaître ces devoirs que je vous rappelle, secours de force pour les bien remplir, et vous ne me désavouerez pas d'assurer à cette jeune femme que l'avenir n'apportera ni un démenti ni un repentir à la confiance avec laquelle elle va placer sa main dans la vôtre.

Et vous, Mademoiselle, vous que je peux maintenant à double titre nommer ma Sœur, comment vous dire avec quelle joie vous reçoit votre nouvelle famille ?

Je sais — tous savent ici — quelle dot
de sagesse et de piété votre pure jeunesse
apporte à mon frère. Nous savons comment
le fidèle accomplissement de vos devoirs
dans la maison paternelle vous a préparée
à remplir ceux qui vous attendent dans la
maison où vous allez entrer. Vous n'aurez,
pour en être le charme et l'honneur, qu'à
demeurer semblable à vous-même, qu'à
mettre en pratique les exemples et les
leçons de votre mère.

Ma joie la meilleure en ce jour est l'assu-
rance que vous exercerez dignement auprès
de l'âme qui m'est si chère la noble mission
d'une épouse chrétienne.

La femme — c'est la parole de nos
Saints Livres — a été donnée à l'homme

afin de lui être « une aide semblable à lui. »
Vous ne lui serez pas seulement une aide
dans les occupations et les soucis de la vie
matérielle. Il y a une œuvre plus haute, à
laquelle votre grande affaire sera désormais
de travailler en commun, celle que la langue
chrétienne, qui n'est point pour vous une
langue étrangère, appelle « l'œuvre du sa-
lut. » C'est pour celle-là que vous lui prê-
terez vos secours assidus, vos soins les plus
dévoués, les plus constants et les plus dé-
licats.

Que cette tâche vous soit douce, ma
Sœur, autant qu'elle est sainte, qu'elle soit
couronnée de succès comme elle le sera de
mérites !

Et n'oubliez jamais l'un et l'autre que,

si dans le ciel le bonheur ne se compose
que de jouissances, sur la terre il se compose aussi, il se compose surtout de sacrifices. Mais les sacrifices ne font point peur
à l'affection véritable. Aimez-vous toujours
assez pour en faire autant que le bonheur
à deux en demande; faites-en toujours assez
pour vous aimer autant que la vie à deux
l'exige pour le bonheur.

Tels sont nos souhaits et nos espérances.

Puisse ne pas cesser un instant d'y ré-
pondre cette union que va bénir par ma
main Celui qui, en élevant le mariage à la
dignité auguste de Sacrement, l'a fait pas-
ser dans le domaine des choses sacrées,
qui voulut commencer par les noces de
Cana sa vie publique et son œuvre d'uni-

verselle restauration, qui de son Tabernacle préside à cette fête !

Qu'il en soit ainsi, ô mon Dieu, qu'il en soit ainsi !

Je ne demande point que toute souffrance soit épargnée à ces chères âmes; ce serait oublier la condition de l'homme ici-bas. Du moins, écartez d'elles les maux qui viennent de nos fautes, et aidez-les à porter avec la vaillance chrétienne les peines inséparables d'une vie d'épreuve.

Mettez sur leur mutuelle affection le sceau de l'immortalité, en y mêlant « une goutte de cet amour qui a précédé les siècles et n'en a point senti le cours. »

Que sous vos yeux et sous votre garde,

se soutenant, s'encourageant, se consolant
l'une l'autre, elles s'acheminent ensemble
vers le terme heureux où disparaît tout ce
qui est de l'épreuve, où tous les bonheurs
se complètent, où se consomment dans une
union éternelle tous les véritables et purs
amours !